Bitácora de mujeres extrañas

MEMORIA DE LA FIEBRE

Colección de poesía

Poetry Collection

FEVERISH MEMORY

Esther M. García

BITÁCORA
DE MUJERES EXTRAÑAS

Nueva York Poetry Press LLC
128 Madison Avenue, Oficina 2RN
New York, NY 10016, USA
Teléfono: +1(929)354-7778
nuevayork.poetrypress@gmail.com
www.nuevayorkpoetrypress.com

Bitácora de mujeres extrañas
© 2020 Esther M. García

© Contraportada:
Sara Uribe

ISBN-13: 978-1-950474-50-9

© Colección Memoria de la fiebre vol. 02
(Homenaje a Carilda Oliver Labra)

© Dirección:
Marisa Russo

© Edición:
Francisco Trejo

© Diseño de portada:
William Velásquez Vásquez

© Diseño de interiores:
Moctezuma Rodríguez

© Foto de portada:
Adobe License 44044981

García, Esther M.
Bitácora de mujeres extrañas / Esther M. García. 1a edi-- New York: Nueva York Poetry Press, 2020, 110 pp. 5.25" x 8".

1. Poesía mexicana. 2. Poesía latinoamericana.

Todos los derechos reservados. Esta publicación no puede ser reproducida, ni en todo ni en parte, ni registrada en o transmitida por, un sistema de recuperación de información, en electroóptico, por fotocopia, o cualquier otro, sin el permiso previo por escrito de la editorial, excepto en casos de citación breve en reseñas críticas y otros usos no comerciales permitidos por la ley de derechos de autor. Para solicitar permiso, contacte a la editora por correo electrónico: nuevayork.poetrypress@gmail.com

Una mujer que piensa, sueña con monstruos, se convierte en el pico que la agarra

Una bitácora es una caja que guarda en sus entrañas una aguja magnética (saetilla, flecha, aguja imantada, aguja de marear). Es esta púa la que determina la dirección que habrá de seguirse. De modo que una bitácora, además de la inscripción de los días o las cosas, es también pincho, cardo. *Bitácora de mujeres extrañas* es entonces una colección de alfileres, de aguijones.
Los poemas de Esther M. García, en todo caso, pueden considerarse objetos hechos con el filo del lenguaje: punzocortantes. Las producciones y orientaciones de sentido de este poemario, que la hiciera merecedora en 2014 del Premio Nacional de Poesía Francisco Cervantes Vidal, aparecen atravesadas por una exploración contundente y minuciosa de las diferentes violencias y sus afecciones sobre el cuerpo-animal, la familia-dentellada, la ciudad-devastación y el yo-mujer-monstruo. Esta búsqueda se verá continuada en sus siguientes dos poemarios: *Mamá es un animal negro que va de largo por las alcobas blancas* (2017) y *La destrucción del padre* (2019).
Lo que hace Esther M. García en este libro, que celebro emprenda una nueva deriva hacia sus lectoras y lectores mediante esta segunda edición, es configurar la cara y el envés, el anverso y el reverso de los registros, las capas y las tesituras hacia donde apuntan las agujas imantadas que son el breviario de mujeres que habitan entornos familiares, laborales, socioeconómicos, geográficos y amorosos

que van de lo hostil a lo feroz. Enmarcadas en estos contextos, las mujeres de García son el dorso de sí mismas: yo soy yo y mi otro yo, parecen decirnos los lirios muertos que les crecen lentamente en el corazón o las cuchillas de sus labios y las hachas de sus lenguas.

Si todo es filo aquí, el tajo se encuentra en una enunciación del hacer de este compendio femenino. Serán los verbos mirar, degollar, cuidar, amar, dar los que delimiten a estas mujeres que son el abismo de otra cosa, que rehúyen de la soledad con los bordes de sus dientes, que se convierten en las mejores versiones de sí mismas, que se atisban en los espejos *como si mirase[n] un animal de cuerpo extraño* y destruyen todo lo que tocan. Será también la mujer-madre, la embarazada solitaria la que hable *el lenguaje de las barcas en la niebla;* la que si casa, rincón, si mueble, olvido; la que haga que al poema se le hinchen los pies, mientras ella se masturba y permite que la devoren pequeños pájaros rapaces.

¿Qué cosa es una familia? ¿Un animal de muchas cabezas? Se pregunta la poeta coahuilense en *Mamá es un animal negro*. En *Bitácora de mujeres extrañas* la familia es el cuchillo más afilado: días de campo, sexo, palabras de amor y golpes. García ahonda, en este retablo de violencias familiares, en la estructura patriarcal y del amor romántico por antonomasia. Padre y madre son, respectivamente, cuarto-avegraznido oscurísimo y árbol callado que muere de pie, matrioshka que contiene y descontiene, corteza picoteada. El progenitor, cuyo cadáver será res hinchada y azulverdosa destazada en la mesa de disecciones ecfrásticas que plantea *La destrucción del padre,* es en este poemario gran camarón, roja langosta, víbora negrísima cuyo hacer se describe en los verbos golpear, abofetear, azotar. La figura materna es

espina, *muerde y mastica [...] con sus rabiosas palabras*. La descendencia de ambos: un yo-animal que deviene monstruo: ciervo disecado, ballena varada, vaca de hule, pájaro amarillo muerto.

La poesía vino como un revólver a reventarme el cráneo con sus balabras, escribe Esther M. García. *La poesía ha colapsado* y la ciudad es el escenario de la huida. Una ciudad que aparece vacía, en ruinas o desierta a lo largo de todo el poemario. Así, mediante una brújula-bitácora que hace navegar este volumen hacia los márgenes de los precipicios y los límites del decir, García construye una poética que irrumpe, que rasga, que fractura, que nos mantiene a flote, sólo para hacernos naufragar en las escarpadas profundidades de sus hendiduras.

SARA URIBE

Breviario de mujeres

Mujer Maquila

Alina Orozco Gutiérrez
(Chihuahua, Chih. 1954 – El Paso, Txs. 2008)

La tristeza es un animal muy grande que se asoma en los
    ojos de ella
mientras fuma   en silencio
un Malboro rojo y espera a que suene la campana
que anuncia el tercer turno

Mantiene cinco hijos   limpia la casa
hace de comer
llega a la fábrica y empaqueta cajas y más cajas
(no sabe cuántas)
pero sí sabe que tras doce horas continuas de
mover mecánicamente el cuerpo
el alma se esfuma
la espalda no es sino un caparazón hinchado   doliente

La cara se volvió un mapa surcado   marcado   cargado
de los estragos de vivir
        de los pagos por hacer
                de los turnos por cumplir

Para ella el sonido de la maquinaria
se ha vuelto su música preferida
Las historias de las demás operarias
        a la hora de la comida
son su novela favorita

Para ella ya no hay Dios
Todo es Deus ex machina
Vive esperando por la vuelta de tuerca que cambie su vida
(un pequeño cáncer aflorándole en el pulmón)
mientras sigue fumando
mientras sigue esperando
a que suene la campana para comenzar a empaquetar

MUJER EBRIA MIRANDO LAS ESTRELLAS

Ana Garza Fernández
(Cd. Camargo, Chih. 1979 – Parras de la Fuente, Coah. 2030)

La que muere de poquito en poquito

entre trago y trago de mezcal   de cerveza   de ajenjo
de cosas imperceptibles para otros ojos
está ahí
al pie de la noche desnuda
con el maquillaje corrido
con lágrimas negras acariciando sus mejillas frías

La bella ebria mira arriba la pulsión estelar
pensando que ella es nada
sólo un trozo de carne rellena de puro dolor

A momentos observa su grasa elefantina y
su piel grisácea de ballena por donde
nunca surca la mano suave de algún amor

Sólo está la botella
El aliento etílico silbándole en su oído
el alcohol llenándole de rosas y jazmines las venas
        el hígado
las inconexas ideas

En la fiesta está el ruido de las sonrisas estúpidas
         de borrachos
iguales a ella

No siente a la soledad que la chupa
como un hueso jugoso
ni a los lirios muertos que   lentamente
le van creciendo en el corazón

MUJER CARNICERA DEGOLLANDO UN PÁJARO AZUL

SARAH SEVIGNY ORDÓÑEZ
(Casas Grandes, Chih. 1949 – Eagle Pass, Txs. 2009)

"He sido peor que una serpiente"

Me digo mientras veo mi rostro envejecer cada vez
un poco más frente al espejo

El día ha abierto los ojos y
desde muy temprano he afilado las cuchillas de mi labios
y el hacha de mi lengua

Todas las palabras relucen y se afilan
al salir de mi boca
Mis manos trozan todo lo que tocan
Soy un monstruo

Nunca ninguno de mis amantes me ha preguntado
si poseo algún abismo
o si en el fondo de mi corazón nace alguna música

No
    Nunca
        Jamás
Nadie preguntó

Ni el chico que me dejó en invierno
ni el poeta al que le trocé las alas
y ahora está en mi mesa

"He sido peor que una serpiente"
Me repito
"Has sido peor que una serpiente"
Me repite agonizante la voz de él
desde esta fría mesa de metal que es mi alma

Corto su cuello y abro su pecho azul
para comerme   y por fin tener
el corazón
que según ellos
no poseo

MUJER SOLITARIA CUIDANDO A SU MADRE

CHRISTINA RICO GONZÁLEZ
(Saltillo, Coah. 1980 – Zacatecas, Zac. (-))

Dicen que su madre se volvió loca al nacer ella
que su padre se esfumó entre una nube negra de
    incertidumbre
e ida por cigarrillos a la tienda
—¡Ahorita vengo, no tardo!— dijo y pasaron 25 años
y nunca volvió

Todavía es fecha en que ella lo espera
vestida de niña detrás de la puerta
detrás del reflejo de su madre
de toda su amargura

La locura es un arma silenciosa
Juega a no querer herir a nadie
más que al enfermo
pero es mentira

Es una bala penetrando carnes   abriendo heridas
dejando rastros imperceptibles de sangre
por aquí y por allá

Un arma llena de municiones es su madre
y ella por defender el amor
o por obligación
deja pasar su vida anudada siempre al mismo cordel

la locura de mamá
que la embrutece bellamente ante los ojos de los vecinos
de los parientes
de los que alguna vez la han acechado con pasión
y luego fueron manchas en la memoria
borrones imprecisos

Cada noche su loca madre aúlla hacia la luna
y ella besa el botón entre sus labios
con los dedos de su mano derecha
Todas las noches es la misma cosa
       la misma tonada
              el mismo ritual

Una aúlla locura y otra se casa con la almohada
entre el sudor del "¿Y si se enteran los vecinos y los tíos?"
Y el "¿Qué pensaría mamá de mí?"

Pero su madre ya no es
sino el abismo de otra cosa
que al final de un día cualquiera acabará consumiéndola
también a ella

MUJER QUE AMA A OTRA MUJER

DALIA HERNÁNDEZ BRETTH
(Monterrey, Nvo. León. 1970 – San Pedro de las Colonias,
Coah. 2040)

Siempre tuvo la duda de qué era ese deseo al
sentir cerca el olor de otra mujer
Siempre se sintió culpable de   accidentalmente
rosarle la mano   los senos   o las piernas
a alguna otra muchacha del salón
        en las prácticas de deporte
al pasar el resumen   al salir a comer

Siempre tuvo el temblor de un ciervo
        acariciándola por dentro

Tuvo varios novios
Todos tan parecidos el uno al otro
como muñequitos de papel marquilla cortados con la
        misma tijera
altos
   rubios
      ojos verdes
anteojos anchos

A la hora de hacer el amor con ellos algo no le respondía
su mirada se iba más allá
su mente se poblaba de chicas que la sacudían

como una ola sucia
en un mar oscuro de donde no podía escapar

Ahí estaba el monito idéntico al anterior
con su palito parado
con sus manos entregándole el amor y
ella fingía
pero a veces pasaba que de pronto se venía
(no porque él fuera un excelente amante
ni porque su verga fuera exageradamente grande)
Su orgasmo iba más allá
donde el campo de las muchachas flores
se abrían mágicamente para ella
y sus labios probaban y sus labios se humedecían

Manos   brazos   pies   lenguas
llegaban como marejadas de olas salvajes
de ese mar sucio   cochino
del que su mamá y su hermana siempre decían
"que eran de lo peor, Señor Jesús, pero cómo pueden
esas personas existir" y entonces ella
volvía a la realidad

Ella sigue cortando monitos con la misma tijera
        de su pensamiento enjaulado
mientras una ebria bestia de cabellos
pechos y clítoris abiertos
sigue enseñando sus fauces babeantes
en la caverna húmeda de su ser

MUJER DEVORANDO AL HIJO

ELENA RAMÍREZ GARCÍA
(Monclova, Coah. 1971 – Tampico, Tamps. (-))

Ésta es la historia de una mujer cuya soledad
la mordía noche y día como un perro salvaje

Ella para salvarse de la feroz dentellada
hacía lo mismo con su hijo
comía un poco de su vida
     de su alegría
          de la niñez en la que él todavía estaba sumergido
como un tibio pez tornasol en agua dulce

Se comía con calma y placer
aquél menudito cuerpo
y su hambre se engordaba más
Un fuego interno la supuraba
el hambre se hacía más ardiente

Ella
la dolorosa rosa del amor
la sufrida
El tierno monstruo llamado madre
con una luz oscura y amarga brillándole en los ojos
acaricia a su hijo
     a su niñez de leche y estrellas titilantes

y da un último mordisco a su cuello tibio
para así poder espantar al perro negro
que siempre   en las horas más negras
la acecha

Mujer muerta al dar a luz

Luciana Echeverrí Garza
(Cd. Juárez, Chih. 1987 – Monterrey, Nvo. León 2013)

Mi cuerpo yace como una roca de nieve y sal
en medio del quirófano

Mis labios son terciopelo blancoazulino seco
en mis párpados reza la noche y tengo
el vientre abierto

Dar tanta vida nos acerca un poco más
a los largos y fríos brazos de la muerte

Lo último que recuerdo fue a mi bebé llorar
mi pequeña mandolina
mi arpegio ascendente hacia la nada
Luz brillante me ciega y   de pronto
el silencio

Soy un poema enfermo
       fragmentado
              haciéndose pedazos por dentro
tendido en esta limpia cama
entre el olor higiénico y el blanco atroz

Tengo un corte horizontal por debajo de mi piel
mi barriga sigue hinchada
pero ya no hay nada adentro

La vida se mueve ya en otro lado
en otra habitación   en una incubadora
supura sangre la vida nueva

Dentro de mí hay un cadáver
un vértigo que emite colores que ya no respiran
Adenocarcinoma endometrial creciendo como un magma
haciendo una metástasis distante
con ganglios linfáticos inguinales
de 12.2 por 10.4 cm esparciéndose
inflándose como pelotas

La muerte hace un viaje dentro de mí
Desde mi útero hace una travesía llenándome
de negrura las vísceras
me colapsa el pulmón
aplasta mi corazón como una granada echada a perder

Luché como una leona a cada instante
Mes por mes el carcinoma
me quería anochecer
nos quería morir
pero el instinto animal pudo más y el feto
logró sobrevivir

No hay más que la mirada compasiva y obscena
en el hombre que me mira

Mi cuerpo yace ahí tendido desnudo e insolente

Amor mío que ayer me abandonaste
¿aún me reconoces?

Ahora no hay más que las células negras del silencio
multiplicándose en el aire

Mujer en el cuerpo equivocado

> Diana Alelí Díaz antes José Daniel Jiménez
> (Saltillo Coah. 1978 – Acuña, Coah- (-))

Desde la infancia supo que era diferente
porque dentro de sí no vivía el grito de la bestia sino
el canto de las azucenas salvajes

Veía a su madre e imitaba a escondidas
el delinear sus ojos y labios
el empolvarse la nariz

En esa exquisita oscuridad
crecía en el fondo suyo la otredad

El decir: "Este yo
no soy yo
yo es otro"

Y ese otro con el paso de los años
empezó a emerger

Primero fue sacarse la ceja
dejarse crecer las uñas y el cabello
Aprendió a andar en tacones y
a dejarse golpear primero por su padre
luego por los chicos de la escuela
que la esperaban al salir de clase

Con el paso de los años se convirtió en
la mejor versión de sí misma
tetas grandes   culo de encanto

No había nada que dijera
o apuntara
a lo que había sido

"Siempre estuve dentro del frasco equivocado
pero no hay nada que un par de cirugías no cambien"
me dijo alguna vez

Ahora camina feliz por las calles sucias del centro
calzando en sus pies huesudos y enormes
sandalias talla doce con
tacones de 20 centimetros

Mueve las caderas mejor de lo que yo podría
haberlas movido

Ha vivido como siempre quiso

Ella es más mujer que yo
que siempre he estado en el mismo frasco apestoso
esperando a que alguna falsa luz
me caiga del cielo

Mujer cubierta por una nube

Magdalena Azcona Ross
(Gómez Palacio, Dgo. 1984 – Torreón, Coah. 2019)

Mi voz rompió la noche en mil pedazos
Mi voz convierte al sol en rizos dorados y
pájaros amarillos muertos
por eso grito todo el día

Mamá dice que me calle
Papá siempre me observa desde lejos
como si mirase un animal de cuerpo extraño

Mis manos dan vida a las formas geométricas del aire
Mis manos
si las muevo compulsivamente
crean ondas que se escapan entre la luz mortecina
por eso no ceso de moverlas
    arriba
        abajo
de un lado a otro
ellas van creando vida

Pero mi madre dice que deje de ser estúpida
lo dice bajito
        cerca de mi oído
para que ninguna otra persona pueda oírla
sólo yo

Ella no entiende
que la verdadera forma del mundo nunca ha sido redonda
que un cono de luz puede verse desde el cielo
hasta la punta de su cabeza
y brilla como un diamante loco

Ella no sabe del mundo que respira frente suyo
Papá no se me acerca nunca
para él soy una cosa que mantener alejada
entre las sombras
como un árbol torcido o
un experimento fallido del que no hay que hablar

Mi cuerpo al moverlo
1	2	3	4
de la misma manera
produce música de colores

Mi cuerpo si lo restriego por el piso
puede oír el corazón de la tierra

¿Lo escuchas tú también?

Mujer bestia mirando la ciudad

(S/N)

Escupo al mundo mientras mis pasos cimbran la tierra
La poesía ha muerto
La poesía ha colapsado
con todos esos chicos que babean manifiestos
      que no entienden
que escriben entre el trance de un speed
      y la alucinación que produce
un poco de hierba en una vieja pipa

Todo se ha secado como un gran árbol muerto
      y nosotros
nos balanceamos como hojas secas
      entre un viento de cambio

Yo no me he vuelto una niña de las estrellas
no viajo de planeta en planeta   de constelación
      entre galaxia
en un nanosegundo
entre cada línea esnifada
o cada bocanada dada a la lata donde se incendia el crack

No

Yo sigo en este plano   en este mundo en este pedazo
      de escoria que he elegido

porque la poesía vino cómo un revólver a reventarme
      el cráneo con sus balabras
y sólo cayó el revestimiento
la cáscara seca
para darme cuenta de que estoy llena de un pelo hirsuto y
      garras largas

Mi boca desprende palabras rojas que se deshacen
como la ceniza al sentir el viento

He de destruir todo lo que toco
por eso huyo de casa hacia las calles vacías de la ciudad

Huyo del hombre que posee mil caras
      conocidas
           bien amadas
pero que en realidad es sólo el eco reverberado
      de mi padre
mi padre que me acecha entre los arbustos de la noche
aunque él ya se ha ido

Huyo de los brazos de mi madre que me estrangulan
      hasta las heces y
de mis hermanas que me desfiguran el alma con las
      espinas de sus voces
clavándose por doquier

Huí a refugiarme entre los brazos del ruido y del silencio
Huí de todo
como un perro sucio bajo la lluvia
y en los charcos marranosos de la ciudad desierta

descubrí mi verdadero rostro
no el de un niño alegre
no el de un navegante de estrellas
    astronauta del amor
vi una pequeña bestia sedienta
de la verdad del mundo
cuyo aullido inundó de sonidos
el interior muerto de una poesía
    que flotaba entre las sombras

Mi cabeza está crujiente como un volcán activo
porque la bestia ha despertado para anidar entre
los brazos de la ciudad que la ha corrompido

La embarazada solitaria

I.

¿Cómo hablará la desmemoriada
la muda
la solitaria embarazada
si le han cercenado cada miembro de su voz?

Su angustia se ha convertido en un canto
        de ballenas varadas
Su mirada cae bajo la mortecina luz de la tarde con lluvia
mientras su vientre se hincha con cada respiración
se llena de agua marina   de un caldo universal
donde caballitos del diablo desenroscan
        sus débiles lenguas
para acariciar la piel fina del aún no nacido

¿Quién la abrazará por las noches mientras
los truenos quiebran almas?
¿Quién acariciará su vientre y lo besará
bendiciendo su existencia?
Sólo la sombra
        la reverberación del silencio
y el viento que entre los ventanales habla

Tal vez un gato acaricie sus pasos al levantarse
        por las mañanas
Tal vez la voz del mirlo acaricie su oído
        al despuntar el día

Ella camina con los pies hinchados por la piel rocosa
      de los días
Inventa poemas
Escribe palabras en la arena
      en las nubes
           en la cara de desconocidos
que como llegan   se van
evaporándose siempre con el rocío matutino

II.

La embarazada solitaria flota en el río de la noche
    cuesta abajo
Va y se mece entre las aguas con su vestido blanco
las manos sobre el pecho
con una corona de espinas doradas adornándole el cabello

Ella la niña sola la sola niña
cuyo vientre crece y crece con cada mueca de luna
entre cada gemido de lobo

Ella no llora pero su boca tampoco ríe
Sólo habla el lenguaje de las barcas en la niebla
Sólo canta canciones de cuna para muchachas tristes

III.

Sus ojos negros lloran la noche
mientras animales carnívoros   sin piel ni huesos
recorren el malva de sus venas

Dentro de su alma está el bramido salvaje del bisonte
Bestia desgarrada que palpita en sus entrañas
       cuando piensa en él
el amante tormentoso
el verdugo de besos dormidos
el padre que ha olvidado a su hijo

Él se hunde en la tierra
y la tierra se cierne violenta sobre ella
sobre su vientre
sobre el feto que aún con los ojos cerrados
insiste en ver la luz florecer

IV.

Si vieras a la que en realidad duerme dentro de ella
un fantasma con cabeza de loba
de animal asustado por los días que se desgastan
que se secan como el otoño
y su piel amarillenta y cruda

La has visto en los parques
        en las tiendas
Ella camina por las calles
duerme en el jardín roído de tu memoria

Día a día
muchachas con el vientre abultado y
la soledad prendida al pecho
caminan por el ocaso de la ciudad en ruinas

¿Puedes oírlas?
¿Puedes ver en su interior al feto chuparse el dedo
invadido de una nada deliciosa
de una orquesta de sonidos corporales   viscerales?

Ella siempre intenta cazar el recuerdo de alguna alegría
que le sirva de escudo
        de arma de defensa
                de ataque
por eso camina y sonríe
por eso camina y esconde la mirada
para que el mundo no pueda tragársela
y después escupirla

V.

Ella se despeña como roca oscura desgajada
ante el amarillo atroz de las manos del sol
Ella se despeña
      ante la mirada ajena
         ante la habladuría que acecha como un arma entre
            la penumbra

Ella es el animal que busca
entre las sombras
cobijarse de la mira
que el arma ha puesto sobre su vientre

¿Quién sostiene el rifle?
¿Qué manos sostendrán tan amorosamente a la muerte?
¿Qué dedo   qué pedazo de carne
      única huella dactilar
dictará el sonido y la furia
la distancia y el nivel de impacto
con el que ha de caer ella
      el vulnerado ciervo
para besar el suelo y ofrecer
      ante la mirada y la burla ajena
el corazón de su sangre?

VI.

Una ola de clavicordios
acordes altísimos y graves atraviesan
su memoria   el pecho   los ojos
El nombre de él se intensifica llenándolo todo

Dentro de ella el feto brinca
golpea con furia pequeña el río de pájaros
que es esa noche del útero palpitante

La embarazada
    La niña sola
        La bestia ebria
recorre su jaula de frescos ventanales
pisos blancos y puertas roídas

A veces es una cosa olvidada en un rincón de la casa
Un mueble más al lado de la mesa
o un utensilio olvidado al lado del bote del café

Es fruto maduro devorado por dentro
        por pequeños pájaros rapaces
Desnuda y sin calzado recorre
las habitaciones que no dicen nada
que ya nada recuerdan
como sombras que se esparcen sin rostro ni peso

VII.

La embarazada solitaria se masturba
en la medianoche de los lirios muertos

Eyacula el olvido   el amor   su alma
que ya no le cabe dentro del cuerpo
dentellado por el perro del dolor que
en las noches la persigue sin piedad

La embarazada solitaria contiene
al orgasmo solitario   atormentado
Su vagina se siente sola
como la flor que se abre y muere sin dejar semilla

¿Qué otro amante nocturno la acompañará
de ahora en adelante más que la tibieza
y el delirio enterrados en sus dedos?

¿Dónde y con quién estará él?
Las preguntas son fluidos espesos que circulan
por las callosidades cerebrales y buscan asfixiarla

Ella flota por un momento
contiene el respiro
explotan geranios azules dentro de sus entrañas
podredumbre y miseria florecen entre sus piernas

El feto se ondea
sin comprender
sin pensar

Sólo navega en el agua que lo rodea

VIII.

Desnuda se presenta ante el espejo
una mano masculina toca su piel sonrosada
tensa como una liga
Su vientre
un mapa terráqueo
muestra la cartografía derruida por los ocho meses
        de gestación
Venas y várices morados muestran los
estragos del río de la espera
Ella se observa
:
La piel distendida   agonizante
los pies hinchados
     los ojos caídos
        los pechos llenos
Toda ella enllagada de vida de
un cansancio que cose las vértebras
ablanda la respiración y la mirada

Un herido pez navega en ella por un instante
y no se reconoce en aquella forma
Su cuerpo antes tan menudo ahora es tan grande
que el vientre parece una mentira
hasta que siente de nuevo
a su hijo moverse como una ballena gris
dentro de ella

La sucesión de contracciones empieza
el dolor que se abre paso en su cuerpo es
una tijera fina cortándola como una tela

Ella habla

RECUERDOS DE MI PADRE A LOS OCHO

> Daddy, daddy, you bastard, I'm through.
> SYLVIA PLATH

Yo no sé amar
Nadie me enseñó qué era el amor
No tuve un padre que me sujetara de la mano
y me enseñara lo que es la felicidad y la confianza

Yo era "un animal"
al menos eso recuerdo que decía mi madre
y mi padre no tenía boca para hablar y defenderme
sólo se dibujaba en su rostro para beber

Siempre creí que el amor era golpear al otro
blasfemar contra él y su familia
herirlo
echarle agua como a un perro y
jalarle el pelo como a un muñeco

Para mí eso era el amor
Así me lo enseñó mi padre
porque así amaba él a mi madre
y ella nunca decía nada

Ella siempre estaba ahí
como una gran *matrioshka*
y yo y mis hermanas éramos
somos
lo que ella contenía dentro

Él
papá
la gran verga
el gran hoyo negro
no tenía espacio en su corazón para nadie más
porque en ese corazón habitaba él solo
y los ebrios ecos de su calavera

Yo lo amaba tanto
Fue el primer hombre que amé
y que odié
que deseé matar

Fue el primero en abandonarme
en decirme que prefería a otras
(mis medias hermanas)
y yo sólo me veía parada en la calle
oyéndolo con la cabeza baja y la cola entre las patas

Ahí el animalito
ahí parada aullando dolor estoy yo
y él gritaba y me miraba con sus ebrios ojos rojos
y su cara de cerdo me parecía repugnante

Gritaba:
"¡Eres tan estúpida!   Mejores son mis otras hijas
Aquí te quedas pendeja ¡Tú ya no te regresas conmigo!"

En ese mismo instante
yo era un animalito arrollado por
algo superior a él

Así me apachurraba él con el pie
Así me dejaba con las vísceras al aire
y él se iba camino a casa
sin nada que temer

LA MUERTE DEL AVE EBRIA

Mi padre era el cuarto más oscuro donde yo entraba descalza con los ojos desnudos y sin ninguna linterna Ahí dentro habitaban todos mis demonios –sus bestias– que se revolcaban en el suelo y gemían mi nombre Ahí dentro no se emitia ningún sonido porque sólo resonaba el eco de su voz y de todas las criaturas que habitaban su aposento

Y su voz era como una bala
      Y su voz era como un cuchillo
           Y su voz venía de noche como un asesino
Aquí murió mi inocencia
      Aquí murió todo rastro de la infancia
para darle cabida al terror y al aullido

Mi padre el ave más oscura graznaba locura en la negrura de la noche En la negrura de la noche graznaban sus gritos por toda la casa y retumbaban los cielos la tierra y las estrellas ante su alcohólica mirada "El cielo se cae a pedazos y no hay nadie que pueda volver a armarlo" pensaba yo mientras oía los pasos del ave ebria acercarse hacia la puerta de entrada Y mi madre era un árbol en el que él podía posarse a la hora que él quisiera Y mi madre era un árbol que él picoteaba con locura y odio si a él se le antojaba Mi madre moría de pie como un sauce y servía de casa y de diversión al ave negra Ahí venía mi padre y mis hermanas se disolvían como el humo Ahí venía mi padre como un lobo suelto en la noche de la luna llena Ya venía ya venía y tocaba primero y después más fuerte y ya luego golpeaba y amenazaba con tirar la puerta Mi madre era un árbol callado que moría de pie Mis hermanas se volvían líquido y se disolvían con cada graznido y yo me quedaba inmóvil en la cama y orinaba el camino oscuro de mi destino Ya mi padre había abierto la puerta y vomitaba todas las notas tristes de su larga miseria y llenaba la casa de notas negras de sonidos graves canciones muertas Todo lo que tocaba su ala se convertía en ceniza ahí estaba el Dios sol carbonizando nuestras almas Cada grito suyo un rayo de sol filo de cuchillo que marcaba nuestras caras Cada golpe suyo un halo de luz un destello de amor El amor en esta casa poseía plumas negras y graznaba alcohol porque sólo alcohol circulaba en sus venas Mi madre estaba en el piso Mi madre era un árbol destrozado Mi madre era una corteza muerta que mi padre picoteaba salvajemente y yo gritaba y blasfemaba al cielo como un lobo aullándole a la ventisca Graznaba mi padre y el mundo enmudecía De sus manos etílicas fluía el tiempo como arena como agua como miel derretida en el fuego el fuego que subía desde sus entrañas hasta hacerle explotar el cerebro y también la razón ¡Sí sí! Y en ese estallido eufórico reventaban fuegos artificiales en mis cabellos mientras mi mamá muerte mi muerte madre estaba tirada golpeada azotada abofeteada crucificada en el suelo y sus raíces se esparcían por toda la tierra y de ellas brotaban las almas humanas por eso en el mundo caminan tantos muertos Mi padre extendía sus alas negras y se escribió la historia de los sumerios fenicios chinos y griegos El habla la lengua su sonido se enroscó como una víbora oscura en lo más profundo de mi pecho Y mi padre ya venía ya me estiraba por el cabello y sus alas siguieron escribiendo y formaron pirámides dioses y figuras de barro a las cuales si le placía podía insuflarles el aliento de la furia la venganza la destrucción en lo más profundo de sus corazones Mi padre abría sus alas Mi padre era una caja de pandora y su aliento etilico destruía toda la creación Mi padre ha volado por alguna cerveza y bebe botella tras botella y de pronto se encierra en el baño para cazar en el inodoro a sus ballenas viejas El mundo por minutos no existe El mundo por segundos no gira El mundo por horas se asfixia Y mi padre derrama su sangre por el piso Y mi padre derrama su sangre en mis venas Mi padre se deshace en sangre en el inodoro

Mi padre
paloma blanca
se eleva y nos deja

Estos son tus últimos recuerdos
Ecce Homo
estás lleno de llagas y
reventado por dentro como un globo de agua
Te esparces como un ave triste
en la cama de hospital
Olor a medicamento se esparce en el ambiente
gota tras gota tu vida se diluye
como el alcohol en tu sangre
Nueve días es tu estancia en el hospital
Olvidas los nombres los espacios los rostros
Para ti ya dejan de pasar los días
      y las horas

La muerte tiene sabor a heparina suero butilhioscina
la muerte viene vestida de enfermera
y se llama accidente isquémico cerebrovascular

Mi padre murió cuando nació el invierno
Mi padre murió un 21 de diciembre
Mi padre murió entre la conjunción de los astros
en el eclipse del sol con la luna
Mi padre explotó como una estrella
Mi padre se ahogaba con sus propios fluidos
Mi padre seguía viendo la hora en su reloj
cuando ya no había reloj que ver en su brazo izquierdo
Mi padre perdió el habla
la vista
       el olfato
los números
       las cuentas
Mi padre perdió el lado izquierdo de la materia gris
cuando un coagulo viajó
entre ríos de sangre roja
hasta su cerebro
Mi padre ya no movía el lado derecho
Mi padre se cocía en fiebre y
se ponía rojo como un gran camarón
Roja langosta
que espera la muerte dentro del agua hirviendo
Mi padre dejó de respirar a las seis de la mañana
un día en que entró el invierno

Eras el niño de los ojos tristes
El niño de las orejas grandes
El niño cuyos amigos se suicidaron
dejando sus cuerpos de ballena gris
varados en las orillas del mar de tu conciencia

El niño solitario al que le dijo su hermano
que su madre jamás quiso tenerle
El niño al que sus hijos
lo consideraban un simple mueble

El niño ebrio El niño pájaro
El niño que agoniza
eternamente

CARTA AL AUSENTE

Tengo una esperanza rota en las manos
y a un niño idéntico a ti llorando dentro de mi pecho
No he podido hacer que pare
y por más que introduzco más cosas
fiestas
    drogas
        cigarros
            otros nombres
sus gemidos se siguen escuchando

Tengo un dolor en los pulmones por no poder gritarte
        que te extraño
y tus ojos me besan el pecho
y tus manos me extraen toda la alegría de los labios

A veces no puedo distinguir si de verdad eres tú
o si ese niño es mi padre
con la misma piel   con los mismos anteojos
y la misma manera de maltratarme
de dejarme siempre como un muñeco sucio
como un niño aburrido de la misma cosa de siempre

Hay días que no pasan ante mis ojos
me quedo como un disco atorado
        sin nadie que lo haga funcionar
Hay días que me recorren el cerebro
        como caballos salvajes

y me recuerdan los días de campo
tu sexo
las palabras de amor
y también los golpes

A veces no puedo distinguir si a quien gritaba y escupía
    eras tú
pequeño e indefenso
contra el gran monstruo en que me convertía
o tal vez eras mi padre

Papá
papá
Daddy
Babba
Abba

¿Bajo qué forma te convertiste
que siempre a quien beso
eres tú que vienes a destruirme?

Me veo a mí misma como si estuviera en una vieja
    televisión a colores
me río   lloro   me estiro el cabello
y en otras ocasiones llevo a un niño
    agarrado de las manos
pero a veces no logro distinguir quién es

Él vuela como una paloma hacia lo más alto
dejándome sola
como siempre lo he estado

Hay veces que el mar me retumba en el vientre
pobre de él
Nunca nada quiso crecer dentro
y sólo sal me fluye de entre las piernas
blanca
amarga
como tu esperma

Los días con nubes negras
grises
vuelan como gorriones a posarse en mi cabello
y tu cantas entre los ramajes de mi conciencia
y todo lo que me queda es eso:
un r e c u e r d o
de todas las veces que hicimos el amor
y las ramas de mis brazos cubrían la casa
y nos dejamos llevar por la luz blanca
      de las mariposas sin lengua
en donde reina la mentira
pero a veces no sé si el niño que me miente eres tú
o mi padre

Está demasiado oscuro aquí
yo nunca he tenido un verano
o he visto el estallido de los pétalos de una flor
      al amarsecon el sol

Aquí todo es árido
las nubes son tristes y los globos aerostáticos
me llevan de un recuerdo a otro

Si intento abrazar a otros niños se vuelven ceniza
Mil y una noches me convierto en Lot
        esperando el amanecer
para que ellos se den la vuelta y desaparezcan
dejándome como en un inicio me encontraron

blanca y desecha

pero no sé si de verdad son ellos
se parecen tanto a mi padre

Hay momentos en que quisiera correr
        y aferrarme a tus rodillas
pedirte que no te vayas
que regreses
que me digas que me quieres
que me abandones de nuevo
como lo hiciste el día en que murió mi padre

Pero a veces no sé si el que murió fue él
o fuiste tú

Aquí
mientras
sigue un niño llorando
y no puedo hacer que se calle

MI MARIDO ME ABANDONÓ LA OTRA NOCHE

Mi marido me dejó la otra noche
Se fue llevándose mi juventud
  mi líbido
    mi sonrisa
Me dejó pobre y solitaria pero
bien cargada como un arma a punto de disparar

La felicidad no es una pistola caliente
Es un vientre grande abultado
a un mes a punto de reventar

Las cosas con él jamás solían ser buenas
La mayoría del tiempo él todo lo hacía bien
y yo era la encarnación de mal

No bastaba con planchar   lavar
limpiar con escoba   trapear
llevar las cubetas
con un vientre que crecía cada día más

Para él todo era poco
poco era yo también

Yo era un animal de circo sucio rondando la jaula
él me decía que me trataba así
porque jamás me dejé querer

¿Cómo poder amar a un monstruo
a alguien cuya violencia contenida hacia reventar
los vidrios de su alma?

Yo jamás fui
buena según mi madre
según mi esposo
que visto desde la lejanía
era como un cuervo graznando el mismo amor
que ella

mi madre

sentía por mí

Mi marido me abandonó la otra noche
Siempre me pregunté si él seguiría amándome
        con los años
a pesar del cómo decía él que era yo
pero él sólo veía en mí una cosa repugnante

Yo era alguien de quién hablar mal con los amigos
una muñeca inflable a quién hacerle el amor
        por las noches
con la condición de no hablar
de no sentir

Mi marido me abandonó ayer por la noche
y yo todavía no he decidido bien
si debo seguir llorando
o dar gracias al cielo por esa bendición
y sonreír

Variedad de espinas

LA CANTORA

La boca es esa carne prohibida donde nace
    el cáncer del lenguaje
Ella lo sabe
lo ha sabido siempre
y por eso calla

Dentro de su boca las palabras son ligas que se tensan
maderas que crujen
y se quiebran como vasos rotos hiriéndole la lengua

Ella canta por el dolor producido

Las palabras emergen como las notas
    de un piano desafinado
y perecen
se ahogan en la imprecisión de quien ha compuesto
    una bella melodía
y ha manchado con su sangre los últimos acordes
    de la canción

NIÑAS EN LA OSCURIDAD

Sus blancos huesos brillan en la luz crepuscular
Un ramillete de color malvavioleta aturde el cielo
Ahí están ellas en primer plano
sentadas una al lado de la otra
viéndose lascivamente
con una lujuria que no es propia de su edad

La inocencia ilumina sus vestidos blancos
Niñas de seda cruda   somnolientas
antes de que caigan las manos negras de la noche

Entre ellas hay la cabeza inmóvil de un ciervo disecado
que mira fijamente hacia la lente
hacia el espectador
hacia la nada
como esa inocencia podrida de ayeres
que sucumbe al encanto de esos cuerpos sin rostro

MONSTRUO DE MANOS SUAVES

Sus manos tintas de sangre fresca en primer plano
Ella   difusa y sonriente las enseña sin la menor culpa
con el mayor placer

Los objetos del terror abundan en el encuadre horizontal

Un cuerpo tirado en el piso como un pájaro recién caído
        del vuelo
unas tijeras doradas brillan entre la sangre
que se abre como una flor

El cuerpo ausente de color y de sonido
tiene la boca llena de orquídeas negras
aprende a dormir en el silencio
en la memoria de la que lo mira extinguirse

en la respiración de la bestia que sueña

CENIZAS DE PERRA

La música está allá
afuera

Todos los sonidos retumban en las puertas
las ventanas
Vibran las almas de todos
menos la tuya
entonces pides algo de beber para ponerte acorde y ves a
        todos esos chicos
besarse y tocarse y tú estás ahí tan sola como una silla
una mesa
o una botella vacía más en el lugar

Una cerveza no basta un whiskey el vodka los shoot's de
        tequila las medias de
sedalosdaiquiriselperrosaladolaspalomaselvinobanderitas
losvampiros
y todas esas demás mierdas para sentirte feliz
        no bastan porque

al principio

el efecto es placentero y sientes la euforia pero

con el tiempo

te sientes estúpida y patética
cayéndote al suelo

vomitándolo todo olvidando las cosas
    los nombres
las personas
    o los lugares que visitaste

A veces sólo te aburres

El alcohol atrae a unos cuantos pero pasado el efecto los ves como débiles perros oliéndose la cola unos a otros y aparecen las drogas

Primero la mariguana como buena principiante

Fumas y fumas y te agrada el olor dulzón
Luego viene ese calambre en el cerebro y cambia todo

La risa como un rayo fulminando la lengua la sensación
    de tu cuerpo vivo
Sangre deslizándose palmo a palmo por las venas
el latido que se esparce como onda por toda la carne
la comida que tragas se desliza como lodo por la tráquea
y no sabes si en determinado instante podrás cagarte de la
    nada en tus pantalones

Luego viene la débil alucinación
ondas de color rojorosanegroazulmorado emergen de la
    voz de todos

A veces la gente de deshace como gelatina pero en las mejores aparece algo extraño que emerge de tu pecho como una luz que quiere tragarse todo incluyéndote a ti

De pronto eso ya no basta y ves a los demás
Divirtiéndose
   tocándose
      besándose
         queriéndose
pero tú estás afuera sola

Buscas algo que mejore la situación
La cocaína te hace invencible
Todo lo puedes y realizas en un segundo Hablas como si fueras el presidente de todas las podridas naciones

Aspiras y aspiras

Usas llaves popotes el dedo esnifas esnifas te untas en los dientes en la nariz en la punta de   la verga en el coño

Como perro hambriento lames el sobrecillo azul celeste para que nada se desperdicie mísero gramo infierno chiquito que te lleva al cielo
y a las taquicardias
    a los sangrados nasales
       a la desorientación
          al mal sexo

Todo es nada y sigues con el papel la piedra clonazepam
        dexedrina
... ...

Te devoras a ti misma como una víbora tragándose
        su propia cola

Un día despiertas
y el puto mundo sigue igual

La música sigue sonando
los chicos allá afuera se siguen manoseando
amando
y tú sigues sola
sin nada que resuene adentro

como al principio

Plastic cows

Las mujeres son vacas de hule caminando en largas hileras
hileras que no tienen fin
que se multiplican infinitamente según pasan los años
El camino al que se dirigen es la muerte
Una tremenda carnicería las espera
        pero ellas recorren felices
el pasto verde de la mentira
hasta el rastro en donde las harán carne molida
separando sus muslos del tronco
arrancándoles las vísceras estando despiertas
pero ellas no sienten
Ser de plástico ha resultado maravilloso
porque la matriz de la televisión
        en donde viven suspendidas
les regala un dulce y volátil sueño
el ser mujeres perfectas
Kilos de silicón les cuelgan de las grandes tetas
(donde antes había leche ahora sólo hay veneno químico)
en la cara les circula una toxina botulínica
y en los labios   y otras partes del cuerpo   a engrosar
sólo hay ácido hialurónico
Ellas quieren ser como el asbesto
cálidas fibras plásticas y transparentes
que entre cada beso
van inundando tu cuerpo y cerebro de puro veneno

SUICIDE GIRLS

A Pizarnik, Plath y Sexton

La noche tiene la forma de los ojos de un muerto
las suicidas lo saben y bailan alacranes en sus venas

Las suicidas miran la noche florecer en los espejos en
donde no ven ya sus ojos sino las cuencas vacías

Las suicidas no aman por amor sino por el dolor
que éste produce:
un veneno que recorre la médula de los huesos
un aroma que hace dura la víscera del corazón

Las suicidas no caminan
flotan entre las personas que jamás las miran

Ellas tienen hambre de algo pero no saben qué
por eso van de un beso de un cuerpo a otro
como moneda entre los huecos de las manos

Las suicidas ven al mundo florecer
mientras ellas se marchitan

Huelen a orquídeas secas
pasto quemado por el sol de los días

Las suicidas no tienen rostro
su cara es un museo de objetos inanimados
La sonrisa es un soplo húmedo
la mirada una noche de neblina

En ellas no canta el pájaro de la esperanza
Grazna el cuervo
levanta sus patas el caballo salvaje
afila sus uñas negras la pantera de la muerte

Las suicidas acumulan lágrimas porque nadie
nunca les enseñó cómo llorar

¡Ah esas mujeres avaras!

Siempre reservándose el dolor   el grito
el golpe   la furia de una garganta adormecida

por eso las suicidas no hablan
escriben

por eso son amantes irascibles de la noche
palabra por palabra la besan   la adoran
la acarician *la escriben*

Toda su sangre se derrama en los cabellos
 de la niña oscura

Las suicidas se avergüenzan de amar
el rostro pálido de una niña muerta
y caminan de un lado a otro
dejando detrás suyo una estela a almendras

MA MÈRE

Ma mère, el perro rabioso que muerde y mastica mi alma con sus rabiosas palabras. Los caballos de la noche galopan por las calles de sus ojos. Víboras y alacranes se deslizan silenciosos por el suelo árido de su lengua. Todo mi amor y mi cariño por ella cociéndose como carne vieja entre las manos del sol. Ma mère, la vieja oscura con su cabello de paja, su sonrisa careada y la mueca de maldad colgándole del rostro. Mi pequeño monstruo albo y limpio, siempre rezando por mí. Para ti yo siempre estuve henchido de gusanos, pequeñas fibras de un lenguaje que tú desconocías; de un amor que debía ser animal sacrificado, una cosa, nada más.

¿Quieres, ma mère, que te de un abrazo? Podríamos fundirnos infinitamente porque, a estas alturas, no sé quién es el monstruo: si yo o tú. En medio de la oscuridad de este abismo, es difícil discernir.

ACERCA DE LA AUTORA

Esther M. García (Cd. Juárez, Chihuahua, 1987). Radicada en Saltillo, Coahuila. Licenciada en Letras Españolas por la Universidad Autónoma de Coahuila. Autora de los libros de poesía *La Doncella Negra* (La Regia Cartonera, 2010), *Sicarii* (El Quirófano Ediciones, 2013), (IMCS, 2014), *La Demoiselle Noire* (Babel Cartonera, 2013), (Kodama Cartonera, 2015), *Bitácora de mujeres extrañas* (FETA, 2014), *Mamá es un animal negro que va de largo por las alcobas blancas* (UAEMEX, 2017), *La destrucción del padre* (El periódico de las señoras, 2019); el libro de cuentos *Las tijeras de Átropos* (UA de C, 2011) y la novela juvenil *Confesiones de una booktuber* (Norma, 2018). Premio Nacional de Cuento "Criaturas de la noche" (2008), Premio Estatal de Cuento "Zócalo" (2012); Premio Municipal de la Juventud (2012); Premio Nacional de Poesía Joven "Francisco Cervantes Vidal" (2014); Premio Internacional de Poesía "Gilberto Owen Estrada" (2017); Premio Estatal de Cuento Chihuahua (2018); Premio Nacional de Literatura para Jóvenes FENAL-NORMA (2018). Finalista del V Premio Internacional de Literatura Aura Estrada, 2017. Traducida al inglés, francés, portugués e italiano. Fue becaria del PECDA Coahuila y del FONCA JC. Es creadora del Mapa de Escritoras Mexicanas Contemporáneas.

ÍNDICE

Bitácora de mujeres extrañas

Una mujer que piensa, sueña con monstruos · 11

Breviario de mujeres
Mujer Maquila · 17
Mujer ebria mirando las estrellas · 19
Mujer carnicera degollando un pájaro azul · 21
Mujer solitaria cuidando a su madre · 23
Mujer que ama a otra mujer · 25
Mujer devorando al hijo · 27
Mujer muerta al dar a luz · 29
Mujer en el cuerpo equivocado · 32
Mujer cubierta por una nube · 34
Mujer bestia mirando la ciudad · 36

La embarazada solitaria
I · 41
II · 43
III · 44
IV · 45
V · 46
VI · 47
VII · 48
VIII · 50

Ella habla
Recuerdo de mi padre a los ocho · 55
La muerte del ave ebria · 58
Carta al ausente · 63
Mi marido me abandonó la otra noche · 67

Variedad de espinas
La cantora · 71
Niñas en la oscuridad · 72
Monstruo de manos suaves · 73
Cenizas de perra · 74
Plastic Cows · 78
Suicide girls · 79
Ma mère · 81

Acerca de la autora · 85

Colección
VIVO FUEGO
Poesía esencial
(Homenaje a Concha Urquiza)

1
Ecuatorial / Equatorial
Vicente Huidobro

Colección
CUARTEL
Premios de poesía
(Homenaje a Clemencia Tariffa)

1
El hueso de los días.
Camilo Restrepo Monsalve
-
V Premio Nacional de Poesía
Tomás Vargas Osorio

Colección
PIEDRA DE LA LOCURA
Antologías personales
(Homenaje a Alejandra Pizarnik)

1
Colección Particular
Juan Carlos Olivas

2
Kafka en la aldea de la hipnosis
Javier Alvarado

3
Memoria incendiada
Homero Carvalho Oliva

4
Ritual de la memoria
Waldo Leyva

5
Poemas del reencuentro
Julieta Dobles

6
El fuego azul de los inviernos
Xavier Oquendo Troncoso

7
Hipótesis del sueño
Miguel Falquez Certain

8
Una brisa, una vez
Ricardo Yañez

9
Sumario de los ciegos
Francisco Trejo

10
A cada bosque sus hojas al viento
Hugo Mujica

Colección
CRUZANDO EL AGUA
Poesía traducida al español
(Homenaje a Sylvia Plath)

1
*The Moon in the Cusp of My Hand /
La luna en la cúspide de mi mano*
Lola Koundakjian

2
And for example / Y por ejemplo
Ann Lauterbach

3
Sensory Overload / Sobrecarga sensorial
Sasha Reiter

Colección
MUSEO SALVAJE
Poesía latinoamericana
(Homenaje a Olga Orozco)

1
La imperfección del deseo
Adrián Cadavid

2
La sal de la locura / Le Sel de la folie
Fredy Yezzed

3
El idioma de los parques / The Language of the Parks
Marisa Russo

4
Los días de Ellwood
Manuel Adrián López

5
Los dictados del mar
William Velásquez Vásquez

6
Paisaje nihilista
Susan Campos Fonseca

7
La doncella sin manos
Magdalena Camargo Lemieszek

8
Disidencia
Katherine Medina Rondón

9
Danza de cuatro brazos
Silvia Siller

10
Carta de las mujeres de este país / Letter from the Women of this Country
Fredy Yezzed

11
El año de la necesidad
Juan Carlos Olivas

12
El país de las palabras rotas / The Land of Broken Words
Juan Esteban Londoño

13
Versos vagabundos
Milton Fernández

14
Cerrar una ciudad
Santiago Grijalva

15
El rumor de las cosas
Linda Morales Caballero

16
La canción que me salva / The Song that Saves Me
Sergio Geese

17
El nombre del alba
Juan Suárez

18
Tarde en Manhattan
Karla Coreas

19
Un cuerpo negro / A Black Body
Lubi Prates

20
Sin lengua y otras imposibilidades dramáticas
Ely Rosa Zamora

21
*El diario inédito del filósofo vienés Ludwig Wittgenstein /
Le Journal Inédit Du Philosophe Viennois Ludwig Wittgenstein*
Fredy Yezzed

22
El rastro de la grulla / The Crane's Trail
Monthia Sancho

23
Un árbol cruza la ciudad / A Tree Crossing The City
Miguel Ángel Zapata

24
Las semillas del Muntú
Ashanti Dinah

25
Paracaidistas de Checoslovaquia
Eduardo Bechara Navratilova

26
Este permanecer en la tierra
Angélica Hoyos Guzmán

27
Tocadiscos
William Velásquez

28
*De como las aves pronuncian su dalia frente al cardo /
How the Birds Pronounce Their Dahlia Facing the Thistle*
Francisco Trejo

29
El escondite de los plagios / The Hideaway of Plagiarism
Luis Alberto Ambroggio

30
*Quiero morir en la belleza de un lirio /
I Want to Die of the Beauty of a Lily*
Francisco de Asís Fernández

Colección
VEINTE SURCOS
Antologías colectivas
(Homenaje a Julia de Burgos)

1
Antología 2020 / Anthology 2020
Ocho poetas hispanounidenses / Eight Hispanic American Poets
Luis Alberto Ambroggio

Colección
PARED CONTIGUA
Poesía española
(Homenaje a María Victoria Atencia)

1
La orilla libre / The Free Shore
Pedro Larrea

2
No eres nadie hasta que te disparan /
You are nobody until you get shot
Rafael Soler

3
Cantos : & : Ucronías / Songs : & : Uchronies
Miguel Ángel Muñoz Sanjuán

Colección
SOBREVIVO
Poesía social
(Homenaje a Claribel Alegría)

1
#@nicaragüita
María Palitachi

2
La edad oscura / As Seem by Night
Violeta Orozco

Colección
TRÁNSITO DE FUEGO
Poesía centroamericana y mexicana
(Homenaje a Eunice Odio)

1
41 meses en pausa
Rebeca Bolaños Cubillo

2
La infancia es una película de culto
Dennis Ávila

3
Luces
Marianela Tortós Albán

4
La voz que duerme entre las piedras
Luis Esteban Rodríguez Romero

5
Solo
César Angulo Navarro

6
Échele miel
Cristopher Montero Corrales

7
La quinta esquina del cuadrilátero
Paola Valverde

8
El diablo vuelve a casa
Marco Aguilar

9
El diablo vuelve a casa
Randall Roque

10
Intimidades / Intimacies
Odeth Osorio Orduña

11
Sinfonía del ayer
Carlos Enrique Rivera Chacón

12
Tiro de gracia / Coup de Grace
Ulises Córdova

13
Al olvido llama el puerto
Arnoldo Quirós Salazar

Colección
LABIOS EN LLAMAS
Poesía emergente
(Homenaje a Lydia Dávila)

1
Fiesta equivocada
Lucía Carvalho

2
Entropías
Byron Ramírez Agüero

3
Reposo entre agujas
Daniel Araya Tortós

4
Como brote de helecho
Carolina Campos

Colección
MUNDO DEL REVÉS
Poesía infantil
(Homenaje a María Elena Walsh)

1
Amor completo como un esqueleto
Minor Arias Uva

2
Del libro de cuentos inventados por mamá
La joven ombú
Marisa Russo

Colección
MEMORIA DE LA FIEBRE
Poesía feminista

(Homenaje a Carilda Oliver Labra)

1
Bitácora de mujeres extrañas
Esther M. García

2
Un jacaranda en medio del patio
Zel Cabrera

3
Erótica maldita
María Bonilla

Para los que piensan, como Alaíde Foppa, que "sólo de las palabras se espera la última presencia", este libro se terminó de imprimir en diciembre de 2020 en los Estados Unidos de América.

www.ingramcontent.com/pod-product-compliance
Lightning Source LLC
Chambersburg PA
CBHW030120170426
43198CB00009B/686